AF371032

CONSULTATION

SUR

L'Interprétation de l'Article 419

du Code pénal.

PARIS,

IMPRIMERIE ADMINISTRATIVE DE PAUL DUPONT ET Cie,

Rue de Grenelle-Saint-Honoré, 55, hôtel des Fermes.

1839.

CONSULTATION

SUR

L'INTERPRÉTATION DE L'ARTICLE 419 DU CODE PÉNAL.

LES JURISCONSULTES soussignés ayant délibéré en commun sur la question de droit qui leur a été soumise par MM. les administrateurs des Messageries générales, de savoir : si l'art. 417 du Code pénal est applicable aux entreprises de transport de personnes ou de choses connues sous le nom de *Messageries* ou *Diligences* ;

Si, en supposant que plusieurs de ces établissemens s'entendissent, soit pour faire leurs services, fixer les prix des transports, les changer ou les modifier d'une manière identique, soit pour employer les mêmes auxiliaires à des prix et à des conditions uniformes, il y aurait possibilité d'en conclure une coalition, laquelle, étant prouvée avec toutes les circonstances déterminées par l'art. 419, entraînerait la compétence correctionnelle et les peines prononcées par cet article ;

SONT D'AVIS que, ni dans ses termes, ni dans son esprit, l'art. 419 ne peut être appliqué à des entrepreneurs de transports, parce qu'on ne peut voir dans ces entrepreneurs des *détenteurs de marchandises ou de denrées.*

Nous ne connaissons encore, contre cette solution qu'il s'agit de justifier, d'autre autorité qu'un arrêt de la cour de cassation du 9 décembre 1836, et les conclusions de M. le procureur général, qui ont décidé cet arrêt, rendu après partage, à une seule voix de majorité.

L'opinion de la cour de cassation est grave ; il y aurait mauvaise grace à le nier de la part des jurisconsultes qui ont eu l'honneur d'appartenir à cette cour ; mais toute grave qu'elle soit, cette autorité n'est point infaillible.

Après une cassation, le tribunal ou la cour à qui la cause est renvoyée a le droit de juger dans toute la plénitude de sa conscience et d'après ses propres lumières. Loin que la loi lui interdise une décision contraire à l'arrêt de cassation, elle a spécialement prévu ce cas.

Si un pourvoi est formé en de telles circonstances, c'est la cour entière, c'est-à-dire la réunion des trois chambres, dont deux n'ont point encore engagé leur opinion, qui statue.

La cour ainsi réunie peut adopter une opinion contraire à celle de la chambre qui avait prononcé la première cassation.

Lors même qu'elle sanctionne cette opinion, l'arrêt qui casse de nouveau a bien l'autorité de la chose jugée, d'après la loi du 1ᵉʳ avril 1837, mais seulement pour le procès dont il s'agit, parce qu'il faut qu'un procès soit terminé; cet arrêt n'a point le caractère de loi, comme l'avaient, sous le régime de la constitution de l'an VIII, les avis du conseil d'état.

Nonobstant le sentiment exprimé par la cour de cassation, les tribunaux et les cours devant qui s'agiterait de nouveau la question dans d'autres affaires conservent la plénitude de leur libre arbitre et de leur indépendance; plusieurs en ont déjà fait preuve (1).

En un mot, les arrêts de la cour de cassation sont de simples autorités, d'autant plus fortes, il est vrai, que cette cour aurait plus long-temps jugé dans le même sens, quoique cependant on ait plusieurs exemples d'une jurisprudence abandonnée après avoir été suivie pendant un grand nombre d'années. Mais plusieurs arrêts, et à plus forte raison un seul, comme dans l'espèce dont il s'agit, ne sont rien de plus que des opinions, respectables comme le seraient celle des Papinien, des Cujas, des Dumoulin, des Pothier, ce ne sont point des décisions infaillibles.

Nous allons donc examiner l'arrêt du 9 décembre 1836, avec indépendance, guidés par la maxime de Dumoulin : *Non auctoritas*

---

(1) Notamment les tribunaux d'appel de Saint-Omer et d'Angoulême.

nominum, sed rationum momenta ponderanda sunt ; et nous serons justifiés de tout reproche de témérité par le noble exemple que donne souvent la cour de cassation de réformer sa jurisprudence, non seulement en chambres réunies, mais par le seul changement d'opinions dans la même chambre. Les magistrats qui composent cette cour savent que l'erreur est l'apanage de l'humanité; que, si c'est un malheur de se tromper, ce serait plus qu'un malheur de persister dans une erreur démontrée.

L'arrêt du 9 décembre a décidé que les *entreprises de transports, que l'industrie qui a pour objet de conduire des effets ou des personnes d'un lieu dans un autre, constituait une véritable marchandise.*

Un arrêt ne peut être un traité, une discussion de droit; on y voit ce qu'ont pensé les magistrats, mais non les argumens, les raisonnemens, les déductions qui les ont conduits à adopter les principes dont ils ont composé les motifs de leur arrêt.

Au lieu de nous évertuer à deviner ses argumens, ce qui pourrait peut-être nous exposer au reproche d'avoir créé les objections dont la réfutation était la plus facile, nous suivrons une marche que la bonne foi commande et qu'elle avouera; nous nous attacherons aux conclusions de M. le procureur général, qui certainement n'a rien négligé pour défendre et faire triompher son opinion.

Ces conclusions, imprimées dans tous les recueils de jurisprudence, avec l'arrêt qui les a suivies et que chacun peut y consulter, commencent par une assertion que nous n'avons pu lire sans surprise, nous oserions dire sans douleur :

« Il y a des délits plus ou moins insaisissables, qu'on peut moins
« définir que décrire, où les nuances sont si variées que le législa-
« teur est réduit, non plus à chercher des expressions très propres
« et très définies, mais au contraire à relâcher le langage, à recher-
« cher les expressions les plus vagues, à n'atteindre le délit que par
« des possibilités et des indications. »

Nous le disons avec une profonde conviction : si jamais une telle doctrine pouvait être celle du législateur, celle des magistrats char-

gés d'appliquer la loi, il n'y aurait plus de sûreté pour les citoyens.
Les lois pénales, qui sont faites pour tous et pour instruire chacun
de ce qu'il lui est quelquefois ordonné, plus souvent interdit de faire;
ces lois, qui, suivant les expressions d'un grand publiciste (1), « ne
« doivent point être subtiles, parce qu'elles sont faites pour des gens
« d'un médiocre entendement ; ces lois, qui ne sont point un art de
« logique, mais la raison simple d'un père de famille, » ne deviendraient plus, d'après la nouvelle et désolante théorie qu'on a mise en
avant, qu'une énigme dont le plus ignorant comme le plus instruit des
citoyens seraient dans l'obligation de trouver le mot, toujours inquiets
s'ils l'ont bien ou mal deviné, tremblant toujours qu'à son tour le
juge devant qui ils seront traduits n'ait aussi trouvé un mot dif-
férent!

Heureusement, nous l'espérons, une si fâcheuse doctrine ne pré-
vaudra point; nous en avons pour garant la cour de cassation elle-
même, qui, dans une occasion récente, le 11 février 1839, a déclaré
expressément « que, dans les lois pénales, les mots employés par le
« législateur doivent être pris dans leur sens propre et l'acception
« vulgaire ; que les tribunaux ne peuvent étendre les dispositions des
« cas exprimés par la loi à des cas qu'elle n'exprime pas. »

Nous en avons pour garant la vie entière du magistrat dont nous
sommes obligés de combattre l'erreur d'un moment; mais prenons
pour guide les doctrines qu'il n'a cessé de professer avec l'indépendance de l'avocat et la conviction du citoyen.

Voyons maintenant comment ce magistrat est arrivé à trouver dans
l'art. 419, non pas, comme il le dit lui-même, *une définition rigou-
reuse*, mais une *espèce d'indication* par laquelle cet article devien-
drait applicable aux entreprises de diligences.

L'objet de cet article est de réprimer ou de punir les *coalitions*.

Mais il y a des coalitions très innocentes, très utiles en science,
en morale, en économie sociale et politique.

---

(1) Montesquieu, *Esprit des lois*, XXIX, 16.

Se borner à interdire et à punir *les coalitions*, sans autre explication, eût été une absurdité. On a donc déclaré, non seulement entre quelles personnes il fallait que ces coalitions eussent été faites, mais encore pour quel objet, dans quel but.

L'art. 419 déclare *délit la réunion ou coalition des détenteurs d'une même marchandise ou denrée, tendant à ne pas la vendre, ou à ne la vendre que moyennant un certain prix.*

Ainsi l'art. 419 déclare d'abord quelles personnes il veut atteindre; ensuite pour quel fait, pour quel acte illicite il les atteint.

Ces personnes sont, nous l'avons vu, *les détenteurs de marchandises ou denrées.*

Le mot *détenteur* s'explique par lui-même; il n'est pas possible de lui donner deux sens; il n'est pas possible de le définir autrement que le Dictionnaire de l'Académie: *Celui qui a la possession d'une chose.*

De quelle chose faut-il que soient détenteurs ceux que le législateur veut atteindre par l'art. 419? La réponse est dans les mots dont il se sert: *Détenteurs de marchandises ou denrées.*

C'est ici que commencent les commentaires. Par l'effet d'inductions, de raisonnemens plus ou moins logiques, on traduit la loi; aux termes exprès dont elle se sert, on substitue les mots génériques et vagues: *Tout ce qui est susceptible d'être l'objet des spéculations du commerce;* ce sont les propres expressions de M. le procureur général, ce sont les termes mêmes de l'arrêt du 9 décembre 1836.

D'abord le seul fait que, pour arriver à appliquer aux entrepreneurs de diligences l'article 419 du Code pénal, on est obligé de changer les mots, de remplacer les expressions particulières et spéciales par des expressions génériques susceptibles d'une vaste extension, est la preuve évidente que l'on raisonne à faux; car, nous ne saurions trop le répéter, et nous sommes appuyés ici sur une autorité grave, celle de la cour de cassation, *les mots des lois et surtout des lois pénales doivent être pris dans leur sens propre et dans leur acception vulgaire.*

Ici nous ne craignons pas qu'on retourne contre nous ce qui a été dit plus haut, que la cour de cassation est, comme tous les hommes, sujette à l'erreur, parce qu'en proclamant cette maxime, cette cour n'a pas exprimé une opinion individuelle: elle a attesté une règle de logique universelle, adoptée par les philosophes comme par les législateurs; une de ces règles sur lesquelles on peut invoquer le consentement unanime du genre humain.

Puisqu'on a cru pouvoir, à l'appui du nouveau système d'interprétation proposé à l'audience de la cour de cassation du 9 décembre 1836, invoquer l'auteur du *Glossarium infimæ latinitatis,* il nous sera permis sans doute de citer Cicéron, qui dit expressément: *Popularibus verbis est agendum et usitatis cum loquamur de opinione populari* (1).

Vatel, dont le traité *du Droit des gens* est le manuel de tous les publicistes, appliquant ce principe à l'interprétation des traités, dit au livre II, § 272: « Les recherches étymologiques et grammaticales « pour découvrir le vrai sens d'un mot, dans le commun usage, ne « formeraient qu'une vaine théorie. Les paroles ne sont destinées « qu'à exprimer les pensées; ainsi la vraie signification d'une expres- « sion dans l'usage ordinaire, c'est l'idée qu'on a coutume d'attacher « à cette expression. »

Remarquons que le philosophe, le publiciste, n'ont raisonné qu'en matière de discours, de conventions; combien leur autorité acquiert plus de force lorsqu'il est question de lois pénales, qu'il est du devoir d'un juge de ne jamais étendre d'un cas à un autre, même sous prétexte d'analogie! Si la cour de cassation ne l'avait pas dit, nous invoquerions l'autorité unanime des auteurs sur ce point. Il nous suffit de citer Toullier, *Droit français*, titre préliminaire, n° 147.

Voyons donc quelle est la signification résultant de l'usage ordinaire, ou, pour employer les paroles de la cour de cassation dans son arrêt du 11 février 1839, *l'acception vulgaire* donnée aux mots *marchandises et denrées.*

---

1) *Officiorum, liber II, cap.* 10.

Nous aurions trop d'avantage si, prenant à la lettre le mot *vulgaire*, nous interrogions la *langue du peuple*, quoique cependant Cicéron le prescrive : *Popularibus verbis est agendum* , quoique cela fût juste et même nécessaire, puisqu'il s'agit d'une loi pénale à laquelle tous sont soumis, savans et ignorans, et que le nombre de ces derniers étant toujours le plus grand dans la société, il est naturel que la loi se mette à la portée de leur *médiocre entendement*, suivant la sage réflexion de Montesquieu.

Consultons la langue des gens bien élevés, le *Dictionnaire de l'Académie française.*

« *Marchandise*, y lisons-nous, c'est tout ce qui se vend, se débite,
« soit en gros, soit en détail, dans les boutiques, magasins, foires,
« marchés, etc.

« *Denrées*, c'est tout ce qui se vend pour la nourriture des hommes
« et des animaux. »

Et qu'on ne croie pas que cette définition appartienne au XIXe siècle ; elle est celle des plus anciens dictionnaires de la langue ; on la lit dans les lexiques du temps de Louis XIII.

Précisément, ces deux mots se trouvent comme applicables à la classe des opérations commerciales de la nature des achats et ventes, dans l'art. 632 du Code de commerce.

Ce code voulait déterminer quelles étaient les opérations qu'il réputait *actes de commerce*, et que, comme telles, il soumettait à la compétence commerciale.

Il commence par les *achats de denrées et marchandises* ; mais il se garde bien de s'arrêter là : dans les six alinéas suivans, dans les six alinéas de l'art. 633, et dans les deux de l'article 634, il détermine encore quatorze genres d'opérations qu'il répute *actes de commerce*, et qu'il soumet à la compétence commerciale.

Dans le premier de ces alinéas complémentaires, il nomme les *entreprises de transport par terre et par eau.*

Or si, selon l'interprétation de M. le procureur général de la cour de cassation, on doit entendre par le mot *marchandises* (nous copions ses expressions) *toutes choses faisant l'objet du commerce et des spé-*

*culations des commerçans et marchands ,..... tous les objets des spé-
culations commerciales*, les auteurs du Code de commerce se sont
donné une peine bien gratuite! Leurs savantes discussions sur
chacun des mots dont se compose cette longue nomenclature
n'ont été que des jeux d'enfans! Entreprises de manufactures, de
transports, de fournitures, d'agences, de ventes à l'encan, de spec-
tacles publics, opérations de change, de banques privées ou publi-
ques, courtages, contrats maritimes, dans leur plus grande variété:
tout cela, suivant la doctrine de M. le procureur général, était compris dans le mot *marchandise*, puisque, d'après Ducange, *mercare,
facere mercandisiam*, signifiait autrefois ce que nous appelons aujourd'hui *faire le commerce;* puisque, d'après les conséquences
qu'on a tirées de ces doctes citations, tout ce qui est appelé par nos
lois *actes de commerce* serait compris dans le mot *marchandises.*

Quoi! cette idée si simple, qui épargnait tant de mots dans la loi et
tant de discussions au Conseil d'État, n'est venue à l'idée de personne?
Quoi! ni les hommes expérimentés qui ont fait et révisé le premier projet, ni les cours d'appel, ni les tribunaux et les chambres de commerce
qui ont rédigé cinq volumes in-4° d'observations sur ce projet, ne se
sont pas aperçus de ces grossiers pléonasmes? On ne s'en est douté
ni au Conseil d'État ni au tribunat; et c'est après trente ans qu'on
nous apprend que le mot *marchandises* comprend *toutes choses faisant l'objet du commerce et des spéculations commerciales ;* toutes les
choses que le Code de commerce, après avoir parlé des *marchandises*
dans un paragraphe spécial, a eu soin d'énumérer dans quatorze autres paragraphes distincts!

Disons-le franchement, c'est exiger trop de crédulité.

Nous ne voulons point être injustes dans notre critique; nous convenons de très bonne foi qu'à l'époque où nous reporte Ducange,
même plus tard, au XVIᵉ siècle, lorsque les juridictions consulaires
furent établies, en 1563, le mot *marchandise*, lorsqu'il était réuni à
un verbe qui déterminait une action, signifiait le *commerce in genere;*
ainsi on disait *faire la marchandise*, *s'entremettre dans la marchandise,* pour dire *faire le commerce.*

On allait bien plus loin, suivant Carpentier, continuateur de Du-cange, et il est vraiment malheureux que ce supplément ne soit pas tombé entre les mains du savant procureur général ! Le mot *marchandise* est employé dans des lettres royales de 1453 pour signifier *conventio, pactum;* on disait même au civil, notre *marchandise,* pour dire notre *convention;* d'où est resté dans le langage vulgaire le mot *marchander,* pour *débattre le prix d'une affaire,* quoique non commerciale.

Ces sortes d'exemples des changemens du langage sont trop fréquens pour que des gens sensés s'y arrêtent !

Les mots ont leurs révolutions ; Horace l'avait dit il y a bientôt deux mille ans. Tel mot qui était innocent au XIVᵉ, au XVᵉ, même au XVIᵉ siècle, époque à laquelle écrivaient L'Hôpital et Amyot, même au temps de Racine et de Boileau, est devenu une obscénité qui fait rougir, une imprécation, une expression de mépris bannie de la bonne compagnie.

Qu'on ait recours aux glossaires pour comprendre les auteurs anciens dans lesquels se trouvent ces mots, et pour nous apprendre à quoi ils répondent maintenant : rien de mieux ! Nous ne condamnons la science nulle part et dans personne.

Mais à chaque siècle ses mots. Si autrefois on disait *faire la marchandise* pour *faire le commerce,* c'est qu'alors le mot *commerçant* n'était pas en usage. Le mot *marchand,* qu'on a de nos jours relégué dans les petites boutiques, était le seul qui répondît à notre mot *commerçant.* De même que nous disons : Le *commerçant* est celui qui *fait le commerce,* de même on disait : Le *marchand* est celui qui *fait la marchandise.*

L'emploi du mot *marchand* comme expression générique, remplacée aujourd'hui par *commerçant,* a subsisté très long-temps.

Le mot *commerçant* ne se trouve pas même dans le dictionnaire de commerce de l'*Encyclopédie méthodique* composée en 1784 par Baudeau, économiste alors fort célèbre. On n'y trouve que le mot *marchand,* dont voici la définition : *Toute personne qui négocie, qui trafique, ou qui fait le commerce.*

Mais il n'en a pas été ainsi de l'expression barbare *faire la marchandise*, pour dire *exercer le commerce*. On ne la trouve ni dans le dictionnaire cité, ni dans le *Parfait Négociant* de Savary, beaucoup plus ancien.

Dans tous ces ouvrages, le mot *marchandise* a la même acception que l'Académie lui a constatée et reconnue en 1835. On peut consulter Richelet et les glossaires mêmes du temps de Louis XIII, et bien mieux encore l'Ordonnance de 1673, où le mot *marchandise* n'a que ce dernier sens.

Il n'en a pas d'autre dans toutes les lois rendues en France depuis 1789 ; il n'en a pas d'autre dans l'article 632 du Code de commerce. Pourquoi voudrait-on lui en attribuer un infiniment plus étendu dans l'article 419 du Code pénal ?

Les rédacteurs de ce code avaient-ils oublié, en 1810, le langage qu'ils parlaient en 1804 et en 1807, lorsqu'ils firent les Codes civil et de commerce ?

On n'ose le dire, mais on scrute leur intention : on suppose qu'ils auraient dû appliquer la répression des coalitions à toutes les affaires commerciales ; qu'au lieu d'écrire *marchandises*, ils auraient dû écrire *objets de commerce et de spéculation ;* et de ce qu'on suppose qu'ils auraient dû le faire, on le fait pour eux : on corrige leur texte, on y lit ce qui n'y est pas écrit.

Nous avons déjà démontré que cela était contraire aux véritables principes sur l'application des lois pénales. — Ajoutons que cela est contraire à l'intention de la loi.

Le législateur a deux manières de manifester sa volonté. Il statue affirmativement, lorsqu'il parle ; ce qu'il dit commande l'obéissance ; et si c'est dans une loi pénale, les mots du législateur, tous ses mots sans doute, mais rien que ses mots, doivent être appliqués par les magistrats. Il statue aussi tacitement, lorsqu'ayant pu, s'il l'avait voulu, employer une rédaction générale embrassant beaucoup de choses, il s'est contenté d'une expression spéciale. C'est la fameuse règle : *Qui dicit de uno, negat de altero; inclusio unius fit exclusio alterius.*

Si le législateur de 1810 avait voulu punir les coalitions relatives à toutes sortes d'opérations et de spéculations commerciales, rien n'était plus facile. Il avait à sa disposition des expressions consacrées à la fois par la langue et par la législation. Il aurait pu, nous en convenons, dire : *Réunion ou coalition entre des* COMMERÇANS *tendant à ne consentir qu'à un certain prix les* NÉGOCIATIONS DE LEUR COMMERCE. Le mot générique *commerçant* aurait été appliqué à tous ceux que l'article 1er du Code de commerce déclare être tels. Les mots *négociations de leur commerce* n'auraient exclu rien de ce qui, d'après les articles 632 et 633 du Code, est réputé *acte de commerce.*

Mais le législateur a dit : *Détenteurs de marchandises ou denrées.* Ces objets ne sont qu'une partie des choses sur lesquelles peuvent. d'après les art. 632 et 633 du Code, porter les opérations commerciales : donc il n'a pas voulu embrasser que cette partie ; donc il n'a pas voulu embrasser le tout.

A-t-il eu tort ? a-t-il eu raison ? C'est dans les chambres législatives que cette question peut et doit être exclusivement agitée ; elle n'est point du ressort des tribunaux.

Pour eux, c'est de la loi, telle qu'elle est, qu'il s'agit. Il ne suffit donc pas, pour appliquer l'article 419 aux entrepreneurs de transports, de dire qu'ils sont commerçans ; que la loi a placé leurs entreprises parmi les opérations de commerce ; il faudrait prouver que les locations de places qu'ils font sont des *marchandises*, et des *marchandises qu'ils vendent;* car l'article punit les *détenteurs de marchandises* qui font des coalitions ou pour ne pas les *vendre* ou pour ne les *vendre qu'à un certain prix.*

Nous n'hésitons point à l'affirmer : cela répugne à la nature des choses, à la définition que la loi elle-même donne au contrat entre l'entrepreneur de transports et ceux qui s'adressent à lui.

Il n'est personne, depuis les plus hautes classes de la société jusqu'aux plus vulgaires, qui ne sache comment les choses se passent.

On se présente à un bureau de l'établissement : moyennant un prix presque toujours payé comptant, en partie du moins, on obtient l'assurance que *tel* jour, à *telle* heure, on occupera *telle* place, dans *telle* voiture, depuis *tel* lieu jusqu'à *tel* lieu.

Il en est à peu près de même pour les choses mobilières qu'on veut expédier, à cette seule différence qu'on stipule rarement sur la place qu'elles occuperont, parce que l'entreprise chargée de les rendre au jour et aux lieux convenus répond de leur bon placement dans ses voitures et de leur conservation dans la route, sauf les cas de force majeure.

Peut-on dire que des places concédées dans des diligences doivent s'appeler *marchandises* susceptibles de *vente?*

Tous les jurisconsultes anciens et modernes, toutes les lois antérieures à 1789, les lois potérieures, notamment le Code civil (art. 1782 et suivans) et le Code de commerce (art. 103 et suivans) attestent que ces concessions sont des *louages.*

Or un *louage* n'est pas une *vente*, quoique l'un et l'autre se fassent pour de l'argent, c'est-à-dire moyennant un prix convenu.

Remarquons-le bien : on aurait prouvé, ce qui toutefois répugne à la nature des choses, que ces concessions de places sont une *marchandise*, qu'on n'en serait pas plus avancé relativement à l'application de l'article 419; il faudrait encore que l'aptitude à être vendue se rencontrât, car l'article parle de détenteurs coalisés pour *vendre à un certain prix*, ou *pour ne pas vendre* du tout.

Or, les entrepreneurs de diligences ne *vendent* point de places aux voyageurs.

Une chose vendue n'est, dans ses rapports avec l'acheteur, susceptible que de trois positions : ou il la consomme, ou il la revend, ou il la garde jusqu'à ce qu'il lui plaise de s'en défaire.

Aucune de ces positions ne convient et ne peut convenir à la place dans une diligence, qu'une personne a obtenue à prix d'argent.

Ce voyageur ne la consomme pas. Après l'avoir occupée, il la quitte telle qu'il l'a prise, et d'autres à leur tour l'occuperont encore en payant.

Ce voyageur ne peut la revendre, comme le peut le propriétaire d'une marchandise, lorsqu'il cesse d'en avoir besoin; son droit expire à son arrivée; ce n'est point à lui qu'appartient le pouvoir de concéder à un autre le droit d'entrer dans la diligence.

Enfin, ce voyageur n'a pas le droit de conserver la place tant que bon lui semble. Si, à l'instant où le voyage indiqué par son bulletin est terminé, il refusait de quitter la diligence, sous prétexte que la place occupée par lui était une *marchandise* qu'il a payée et qu'il a acquise par ce paiement, le juge de paix ou la force publique l'obligerait à déguerpir.

Quelle en est la raison ? C'est que le droit d'occuper une place dans une diligence n'est pas une *marchandise;* c'est qu'on n'a pas *vendu* la place au voyageur; on la lui a *louée.*

« Jamais, comme le disait très bien M. Merlin (1), jamais il n'y a « eu un temps où toutes les dénominations étaient confondues; où « les mots n'étaient pas faits pour représenter les idées... Cette « espèce de chaos n'a jamais existé; les dénominations on toujours « été prises dans la nature des choses; et jamais la même expres- « sion n'a été employée pour désigner deux objets absolument con- « tradictoires. »

Ce que disait ce savant jurisconsulte avait pour objet d'empêcher de confondre *le droit d'usage avec le droit de propriété;* et certes on ne peux mieux l'appliquer qu'au cas où il s'agit d'empêcher qu'on ne confonde avec des *marchandises* essentiellement susceptibles du *droit de propriété*, des places dans des diligences, qui essentiellement ne sont susceptibles que d'un *droit d'usage* très court et très restreint.

Le Code pénal complète ces argumens. Ce n'est pas dans le seul article 419 qu'il a prononcé les mots *denrées* et *marchandises*. L'article 423 prononce des peines contre celui qui aura trompé *l'acheteur* sur la *nature de toutes marchandises*. Eh bien! si le directeur d'un bureau de diligence, recevant d'un particulier le prix d'une place de *coupé* qu'il lui a assurée par bulletin, prétendait ne l'installer que dans une place d'*impériale*, dirait-on que, les concessions de places dans les diligences étant des *marchandises*, il a trompé *l'acheteur*

---

(1) *Répert. de Jurisprud.*, XVIII, 266, 5ᵉ édit.

(14)

sur la nature de celle qu'il lui vendait? Oserait-on invoquer et appliquer l'article 423? Non, sans doute!

Si, par un vice de construction ou de solidité inexcusable, connu même des entrepreneurs, la voiture, ou un banc de la voiture se brisait, et s'il en résultait un dommage, serait-ce d'après cet article 423 qu'il y aurait lieu à poursuivre et à condamner l'entreprise?

Et qu'on ne dise pas que, dans l'article 423, le sens spécial du mot *marchandise* étant déterminé par le mot *acheteur*, la confusion dont nous venons de parler n'est pas possible! Précisément dans l'article 419, ce mot *marchandises* est accompagné du mot *vendre*.

Les art. 440 et suivans du même Code pénal ont prévu les pillages, dégradations, altérations de *marchandises*. Eh bien, pour ne nous occuper que du premier de ces articles, si une ou plusieurs personnes, par force ou par violence, s'emparaient des places d'une diligence, soit malgré le directeur, soit malgré les voyageurs à qui elles ont été concédées, serait-ce en vertu de l'art. 440 que l'on punirait les coupables?

Non, sans doute; on aurait recours, et avec raison, aux lois contre les voies de fait, plus ou moins graves, selon qu'elles seraient, ou non, accompagnées de coups, de blessures. Mais personne n'aurait la bizarre idée de prétendre que ces auteurs de voies de fait ont *pillé des marchandises*, et que l'art. 440 leur est applicable!

Puisque certainement les entrepreneurs de diligences ne *vendent* point les places dont ils accordent l'usage; puisqu'il n'intervient point de *vente* entre eux et les voyageurs, mais seulement un *contrat de louage*, comment pourraient-ils être atteints par l'article 419 du Code pénal, dirigé contre ceux qui font une coalition ou réunion pour *ne pas vendre*, ou *pour ne vendre qu'à un certain prix?*

Là où il n'y a et où il ne peut y avoir de *vente*, là assurément ne peut être appliqué un article qui ne prévoit et ne désigne que des *ventes*.

Qu'importe maintenant qu'il y eût accord entre deux, entre beaucoup d'établissemens de messageries, pour convenir d'un taux uniforme auquel ils loueraient les places dans leurs voitures? Dès que *location* n'est pas *vente*, dès que la loi ne punit que les coalitions relatives aux *ventes* et ne parle pas de *locations*, par cela seul l'article 419 est sans application.

On peut dire, si l'on veut, qu'il y a lacune dans la loi ; c'est au législateur seul qu'il appartient d'ajouter à ses dispositions ou d'en combler les lacunes, ainsi que la cour de cassation l'a proclamé le 11 février 1839.

Cependant nous serait-il interdit de démontrer en peu de mots que le législateur ne pourrait et ne devrait pas étendre l'art. 419 aux louages de places dans des messageries ?

Il y a des impossibilités que personne ne peut espérer de vaincre, pas même le législateur dans son omnipotence. Ce sont des impossibilités résultant de la nature même des choses.

Tout ce qui, dans les établissemens de diligence, peut servir à rendre pour chacun d'eux les moyens de transport plus prompts, plus sûrs, plus économiques, exige des faits qui, en toute autre matière, auraient une sorte de caractère d'union, de coalition si l'on veut ; et cependant ces faits sont tellement inhérens aux opérations dont il s'agit qu'elles ne sauraient avoir lieu autrement.

Le but de tous étant semblable, tous doivent faire ce qui est en eux pour l'atteindre, et même, sans se concerter, ils doivent se rencontrer presque toujours.

Lorsque l'un d'eux a découvert quelque moyen nouveau de perfectionnement et d'économie, les autres ne peuvent tarder à en être instruits. La simultanéité ou la prompte imitation ne peuvent donc être considérées comme des preuves d'intelligence ou de coalition.

Un moyen essentiel pour que des diligences fassent leur service, c'est qu'elles s'assurent des relais ; or, il n'y a que deux moyens d'en avoir : ou bien en monter sur toutes les routes, ou se servir des maîtres de poste.

Les Messageries générales ont été assez long-temps privées de cette dernière faculté. A une époque où elles n'étaient point encore fondées, les maîtres de poste avait pris un engagement de service exclusif envers les Messageries de la rue Notre-Dame-des-Victoires, sous les auspices du gouvernement.

Leurs rivaux ont été obligés de recourir à une autre voie; mais le marché exclusif étant expiré, les Messageries générales ont eu alors à choisir entre la conservation d'un système de relais et l'emploi des maîtres de poste.

Elles ont pris, sur presque toutes les routes, ce dernier parti, et en cela elles obéissaient au vœu du législateur, manifesté par les développemens donnés dans le corps législatif et le tribunat à la loi du 15 ventose an XIII, relative aux 25 centimes qu'elle accorde aux maîtres de poste. Alors elles se sont trouvées agir de la même manière que les Messageries de la rue Notre-Dame-des-Victoires; elles ont obtenu les mêmes conditions, les mêmes compositions, parce qu'elles ne payaient pas moins bien, et que l'argent de l'un des établissemens vaut bien celui de l'autre.

Une telle simultanéité, une telle identité résultant encore de la nature des choses, serait-elle une coalition? En tout et partout les mêmes besoins ne doivent-ils pas engendrer les mêmes moyens d'y satisfaire, et conduire aux mêmes résultats?

Il serait absurde que, pour éviter le reproche de coalition, l'un des établissemens fût obligé de marcher moins vite, mais bien, et à plus grands frais que l'autre. Autant vaudrait dire qu'un signe de coalition entre des *détenteurs de marchandises* résulte du fait qu'ils les ont fait venir de l'Inde ou de la Chine par le même navire!

Il y a des routes qui ne comportent pas, à raison de ce qu'elles sont peu fréquentées, un service journalier par deux ou plusieurs établissemens. Les Messageries générales et les Messageries royales ont dû ne faire circuler sur ces routes des voitures que tous les deux jours, de manière que, le service de l'une étant fait le jour où le service de l'autre vaquait, la route fût toujours servie. Pour cela il fallait s'entendre; est-ce encore là une coalition? Pour éviter d'en encourir le reproche, aurait-il fallu faire des services entiers là où un demi suffisait? ou bien aurait-il fallu offrir au public *trop* un jour, et *rien* l'autre?

Enfin, quand tout le service est ainsi organisé, il s'agit de se faire payer le prix des places et des transports.

Sans doute chaque établissement est libre de demander tel prix que bon lui semble; mais aussitôt que l'un juge à propos de fixer un prix inférieur à celui de son concurrent, l'autre n'a que l'un de ces trois partis à prendre : ou maintenir ses prix, ou se conformer à la baisse de l'autre, ou en faire une plus forte.

Maintenir ses prix! mais alors les voyageurs abonderont là où ils trouveront meilleur marché! L'établissement qui s'obstinera à ne rien diminuer n'aura plus de clientèle.

Se conformer aux prix de son rival! mais on va dire qu'il y a coalition!

Baisser encore plus, et lui rendre guerre pour guerre! alors l'autre en fera autant; la lutte continuera jusqu'à ce que l'un ait écrasé l'autre, ou jusqu'à ce que, las de se combattre, ils fassent la paix; donc le résultat sera l'uniformité des tarifs. On criera encore à la coalition!

Il en sera de même et nécessairement lorsqu'un troisième, un quatrième établissement se mettra en concurrence avec ceux qui existent déjà.

Ce nouvel établissement n'a d'autre moyen, pour capter la confiance publique, que de faire le service plus promptement, plus sûrement, à meilleur marché.

Les moyens de célérité, de sûreté, ne peuvent être des secrets ; ils ne tarderont pas à être imités par les anciens établissemens. Par la force des choses, toute amélioration que l'un fera sera faite par l'autre. Voilà encore une similitude, nous dirons même une simultanéité nécessaire. Sera-ce là encore une coalition?

Si le nouvel établissement offre au public, ou une baisse de prix, ou des compositions, et c'est précisément ce qui a eu lieu de la part des adversaires des Messageries générales, sera-t-il défendu aux anciens d'en faire autant?

Voici cependant ce qui arrivera.

L'un des anciens commencera par baisser ses prix pour retenir et même, si l'on veut, augmenter sa clientèle; aucune loi ne le lui défend et ne peut le lui défendre; et tant qu'il sera seul à faire cette baisse, il n'y aura point *coalition*, car on ne se *coalise*, on ne *s'unit* qu'entre plusieurs.

3

Mais aussitôt que ce premier des anciens établissemens aura baissé ses prix, le second y sera obligé aussi par les motifs irrésistibles que nous venons d'indiquer. Alors, comme ils seront deux, on criera à la coalition ! Ce qui, de la part d'un seul, était en dehors de la loi pénale deviendra délit ; et cependant le second n'aura imité son rival que dans l'intérêt et la nécessité de sa conservation. Tous deux n'auront agi ainsi que parce que le nouvel adversaire entré en lice les y a provoqués.

Il est évident que s'il y avait, dans une telle circonstance, quelque prohibition à prononcer, ce devrait être contre l'établissement qui, le premier, baisse les prix, puisque sa baisse commande invinciblement celle des autres.

Or quel législateur oserait prendre une telle mesure ?

Quoi qu'on dise et qu'on fasse, le public voyageur n'a point d'affections plus fortes que son intérêt pécuniaire ; il va au meilleur marché. Un établissement ne peut pas baisser sans que l'autre baisse à son tour ; réciproquement, si l'un croit pouvoir sans danger hausser ses prix, pourquoi l'autre ferait-il la sottise de renoncer au même avantage ?

En cela, c'est d'après le besoin public que chacun raisonne et peut raisonner.

Lorsqu'il y aura abondance, affluence des voyageurs, les entrepreneurs loueront leurs places plus cher, comme les hôtels garnis augmentent leurs prix à Paris lorsque quelque grand événement y fait affluer les gens de province.

Lorsqu'il y aura peu de voyageurs, soit à cause de la saison, soit par quelque autre circonstance, les entrepreneurs baisseront leurs prix pour exciter à voyager ceux qu'une plus grande dépense en avait détournés jusqu'alors.

Dans tous ces cas, ce que l'un aura fait deviendra indispensablement la règle de l'autre ; une convention préalable n'aurait point été nécessaire ; elle ne produirait rien de plus ni de moins.

Suppose-t-on que toutes ces réflexions, qui deviendraient presque la matière d'un long chapitre d'économie politique si on les développait, aient été ignorées des hommes habiles qui ont préparé et rédigé le Code pénal? Et qui peut douter qu'ils n'aient reculé devant la difficulté d'une disposition répressive en pareille matière?

Qu'on ne dise pas que, dans leur intention, les *louages commerciaux* étaient compris dans les *marchandises*. Non seulement cela ne pouvait être, ainsi que nous l'avons démontré, mais de plus cela n'est pas en fait; car précisément les art. 414, 415, 416 ont prévu des coalitions relatives aux *louages*. S'ils n'ont pas poussé plus loin leurs prévisions; si, aux dispositions contre les coalitions des maîtres et des ouvriers de manufactures et d'ateliers, il n'en ont pas ajouté contre les coalitions des entrepreneurs de transports, c'est parce qu'ils ont vu qu'ils ne pouvaient le faire sans danger.

Voilà donc encore une nouvelle et décisive démonstration que l'art. 419 n'est applicable aux transports par diligences ou messageries ni dans son esprit ni dans sa lettre.

M. le procureur général près la cour de cassation est convenu expressément que cet art. 419, pris dans son sens *restrictif* et *littéral* , n'était pas applicable à la question dont il s'agit.

Nous ne disons, nous ne demandons rien autre chose ; et les plus graves autorités sont en notre faveur.

Nous lisons dans un arrêt de la cour, de cassation, chambres réunies, du 6 décembre 1838, que les magistrats doivent *se renfermer rigoureusement dans le texe de la loi pénale qu'ils sont chargés d'appliquer* (Dalloz, 29, 1, 54) ;

Dans un arrêt de la même cour, du 21 mai 1826, rendu cependant en matière civile, qu'une *disposition prohibitive ne peut jamais être établie par induction ni raisonnement* (Dalloz, 26, 1, 292).

Enfin nous avons cité plus haut l'arrêt du 11 février 1839, qui déclare *qu'en matière pénale, les mots employés par le législateur doivent être pris dans leur sens propre et l'acception vulgaire, et que les tribunaux ne peuvent étendre les cas exprimés par la loi à des cas qu'elle n'exprime pas.*

Ces autorités, qu'il serait facile de multiplier, décident donc qu'en matière pénale l'application *restrictive* est seule permise ; et comme les conclusions de M. le procureur général déclarent expressément que dans ce système l'article 419 n'atteint pas les messageries, il est impossible de les condamner.

Délibéré à Paris, le 18 mars 1839.

PARDESSUS.

F. NICOD.   H. DE VATIMESNIL.

Paris. — Imprimerie de PAUL DUPONT et Cⁱᵉ.
rue de Grenelle-St Honoré, 55.